KB183319

ADHD·자폐와 함께 성장하기

ADHD·자폐와 함께 성장하기

발달장애
내가 잘 못했던 것과 할 수 있게 된 것

가나시로 냥코 지음
마에카와 아사미 감수·해설
이윤정 옮김

마고북스

프롤로그

번쩍

불만 있습니까?

하지만 그게 어때서!?

뭐 딱히 화내는 건 아니고 23년간 잘 못한다고 야단맞아서 심사가 뒤틀린 것뿐이야.

드르륵

어쭈, 류타. 세상에 대들지 마. 화내지 말고 자기 소개 하시지.

척

안녕하세요

처음 뵙겠습니다. 열 살때 ADHD와 경도 자폐스펙트럼으로 발달장애 진단을 받은 류타(23세)입니다. 자동차 정비사로 일하고 있습니다.

이 분은 제 어머니로, 이 만화를 그리고 있습니다.

가나시로 냥코라고 합니다.

진정해. 또 세상에 대들고 있어.

워 워

사람의 가치란 게 그런 걸로 결정되는 겁니꽈?

하지만 세상은 못 하는 사람에게 너무 가혹해! 못 하는 게 그렇게 잘못입니까? 인정해줄 수 없는 겁니까?

못 하는 데는 이유가 있는 것입니다.

노력해도 못 하는 게 있다! 그것을 알리고자 이 책을 통해 호소하기로 했습니다.

감수자 머리말 | '왜일까?'라고 생각해봅시다

마에카와 아사미

자폐증을 최초로 소개한 미국의 소아정신과 의사 레오 카너는 증상이나 문제행동을 '입장권'이라고 표현했습니다. 우리가 '곤란하다'라고 느끼는 문제와 마주침으로써, 발달장애를 가진 '그들'이 곤란을 겪고 있는 세상 속으로 들어갈 수 있다는 의미입니다.

문제행동의 표면에만 주목해서 그 행동을 없애거나 고치려고 서두르면 우리는 그들과, 그들이 살고 있는 세상을 이해할 귀중한 기회를 잃어버리고 맙니다. 없애려고, 고치려고 서두르기보다 잠시 멈춰 서서 '왜 그럴까?' 하고 생각해보지 않겠습니까? '못 하는 것'에는 의미가 있을지도 모릅니다.

이 책에서는 류타가 자기가 '못 하는 이유'를 여러 가지로 알려줍니다. 그가 겪는 일들을 입장권 삼아 당사자의 내면으로 들어가 그들이 살고 있는 세상을 함께 느껴봅시다.

그들은 '못 하는' 경험을 쌓으며 '부끄럽다', '비참하다', '슬프다', '지긋지긋하다' 등으로 느끼고 있습니다. 주위 사람들로부터 '안 돼', '틀렸어'라는 '부정'의 폭풍을 맞고 다른 사람을 신뢰할 수 없게 되었을지도 모릅니다.

그럼에도, 살아가기 힘든 세상에 필사적으로 자신을 맞추려 하고 있습니다. 독자께서 이 책을 통해, '곤란을 겪고 있는' 쪽은 사실 그들일지도 모른다고 조금이라도 실감해주신다면 기쁘겠습니다.

차 례

프롤로그 5
감수자 머리말 마에카와 아사미 10

케이스 1 가만히 있지 못해요 12
　　　　　어드바이스 • 지원을 위한 연구와 힌트

케이스 2 '하고 싶다'는 생각이 들면 참을 수 없어요 30
　　　　　어드바이스 • 지원을 위한 연구와 힌트

케이스 3 단체행동을 못 해요 50
　　　　　어드바이스 • 지원을 위한 연구와 힌트

케이스 4 수업을 도저히 견디지 못해요 68
　　　　　어드바이스 • 지원을 위한 연구와 힌트

케이스 5 위험한 놀이를 자꾸만 해요 90
　　　　　어드바이스 • 지원을 위한 연구와 힌트

케이스 6 척척 해내지 못해요 108
　　　　　어드바이스 • 지원을 위한 연구와 힌트

케이스 7 응석만 부리려고 해요 130
　　　　　어드바이스 • 지원을 위한 연구와 힌트

케이스 8 '집착'을 끊지 못해요 148
　　　　　어드바이스 • 지원을 위한 연구와 힌트

에필로그 170
감수자 맺음말 178
옮긴이의 말 180

가만히 있지 못해요

초등 2

계속 앉아 있어야
하다니 나한테는
고문이야.

조용한 곳에서
얌전히 있는 건
정말 힘들어.

하반신은 바닥에
붙이고 있으니까
내가 느끼기엔
가만히 있는 줄
알았지.

사실은
이때 상반신을
흔들고 있다는
자각을
못 했어.

안기는
게 싫은
건가?

얘는 왜
안으면
뒤로
넘어가?!

엄마 말로는
내가
아기 때부터
가만히 있지
못했대.

14

산책을 하면

멈춰 서면 화를 내네. 아기들은 원래 이런가?

잉-

잉-

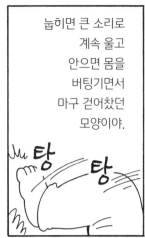

눕히면 큰 소리로 계속 울고 안으면 몸을 버팅기면서 마구 걷어찼던 모양이야.

탕

탕

그래 그래

우앙-

우앙-

자전거에서 내려 달라고 소리 지르고

좋아하는 전철을 보면

공원 가자~

키우기가 무척 힘들었나 봐.

잠시도 눈을 떼질 못해.

게다가 저 맘대로 가고 싶은 곳에 가버리니

없어!

몸 어딘가를
움직이면 기분이 좋고,
그러는 게 더
집중이 잘 되더라고.

균형을 잡은 채
약간 흔들리면서
생각하면
집중이 잘
되었어.

흔들

흔들

흔들

집에서

단순 계산만
반복하는 종류의
수학 문제 풀이는
짐볼 위에
앉아서 했어.

꼼지락
꼼지락

꼼지락

아무튼
같은 자세로
있는 게
괴로운 거야!

의자가
짐볼이었다면
잠깐은 앉아
있을 수
있었을지도 몰라.

학교에서는 교실에
있을 수 없어서 복도에
있는 일이 많았는데

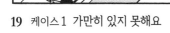

또 시계를
보고는
절망하지.

이제 겨우
3분밖에
지나지
않았어!

그런데도…

시계를 봤는데
시간이 얼마
안 지났으면
실망하고 말아.

자신이
싫어져.

시계가
신경 쓰여서
공부가
안 돼.

이걸
몇 번이고
되풀이해서
괴로워져.

안 보려고
하면 더
보게 돼.

답답해서
이런 극단적인 생각을
했던 적도 있었지.

시계 따위
없는 게
나아!

하지만
게임 화면이나
자극적인 영상에
빠져들 때는
가만히 있을 수
있어.

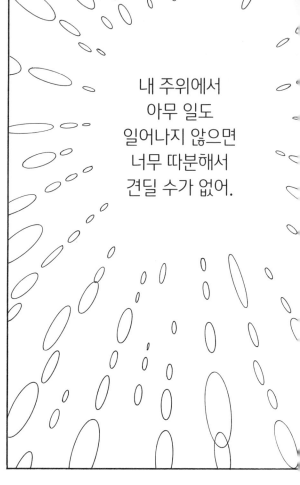

내 주위에서
아무 일도
일어나지 않으면
너무 따분해서
견딜 수가 없어.

초등학교 때
나는 분명
재미있는 것을 찾아
돌아다녔던 게야.

뭐 좋은
거 없나~

1-2   1-2

가만히 있지 못하는 것은 왜 그럴까?

'지금'의 상황에 고통을 느끼고 있어서 바꾸고 싶을 뿐일지도 모릅니다.

아이의 마음 | '지금' 이 괴로운 건 싫단 말야!

● 괴로운 '지금'에서 도망치고 싶다

류타의 말과 행동에서 '지금'을 살아가는 에너지가 강하다고 느낀 독자도 많지 않을까요. 이 아이들 중에는 '지금'이 전부이고, '지금'을 즐기려고 하며, 만일 '지금'이 괴로울 때는 괴롭지 않은 '지금'을 곧바로 손에 넣으려 하면서 살아가는 것처럼 보이는 아이들이 많습니다.

우리들도 물론, '지금'을 살고 있습니다. 그러나 대체로 '이것이 끝나면 ○○하고…' 라든지, '기한이 몇 월 몇 일이니까, 그러면 지금은 이것을 하자'라는 등 시간의 흐름을 고려하면서 '지금'을 지내고 있는 경우가 많을 것입니다.

따라서 '지금은 괴로울지도 모르지만 이것이 언제까지고 계속되는 것은 아니다'라는 변화의 가능성을 믿을 수 있거나 기대할 수 있습니다. 전망을 세울 능력이 있는 셈이죠.

하지만 그들은 이 '전망을 세우는 힘'이 미숙합니다. 이 힘이 약하면 '지금'이 고통스러운 것을 견디지 못하고 절망적인 기분이 됩니다.

그리하여 '참을성 없는 아이'라는 말을 듣게 되지만 괴로운 '지금'을 바꾸고 싶을 뿐인, 즉 괴로운 자신을 구하고 싶을 뿐인 것입니다.

● 자세를 유지하지 못하는 것은 근력 문제일 수도 있다

류타와 같은 아이는 주위에서 '가만히 있지 못하는 나쁜 아이'로 보이기 쉬우나, 사실 같은 자세를 오래 유지하기 힘들다는 아이는 드물지 않습니다.

자세 유지가 어려운 이유 중 하나로 코어 근육이 약하다는 것을 들 수 있습니다. 즉, 몸 중심부의 근력이 약한 것입니다.

따라서 예를 들면 서 있을 때, 본인은 애써 '바른 자세'로 있으려고 해도 실제로는 구부정하게 있거나, 턱을 내민 자세로 서 있기도 합니다.

앉아 있을 때도 상반신을 똑바로 고정시키지 못하고 구부정하게 숙이게 되기도 합니다. 그것이 어른에게는 '불성실', '무기력'하다고 오해받는 원인이 됩니다.

● 독특한 신체감각도 '가만히 있지 못하는' 원인이 된다

몸의 감각이 독특한 것도 자세를 유지하지 못하는 원인이 됩니다.

자기 몸의 위치나 방향, 움직임이나 힘의 조절 정도를 느끼는 감각을 '고유 수용성 감각', 몸의 기울기나 중력에 대응하여 자세를 유지하고 균형을 유지하는 감각을 '전정 감각'이라고 하는데, 그들은 이런 감각의 발달이나 다른 감각과의 통합이 약한 듯합니다.

이로 인해 자기 몸이 어떤 상태에 있는지 직감적으로는 알지 못하는 경우도 있습니다. 그래서 예를 들면, 자고 있을 때 '자신이 어디를 향해 있는지', '다리가 어떻게 되어 있는지' 알기 위해 일부러 불을 켜고 자기 눈으로 봐서 확인해야만 알 수 있는 식으로 불편을 겪기도 하는 모양입니다.

 부모의 마음 | '아이가 가만히 있지 못하는 것은 내 탓?!'

● '부모 노릇'을 추궁당하는 듯한 느낌이 든다

가만히 있지 못하는 아이는 주위에서 이상한 시선을 받거나, 남한테 폐를 끼치기 쉽습니다. 부모로서는 아무래도 아이를 못 미더워하게 되기 쉽습니다.

'부모는 뭘 하는 거야?'

'애를 어떻게 키운 거야.'

이런 식으로 바라보는 것이 아닌지 주변 시선이 신경 쓰이고 '내가 애를 잘못 키웠나?' 하고 의기소침해질지도 모릅니다.

개성은 소중히 여기고 싶다고 생각하면서도 남에게 폐가 되는 행동은 그냥 둘 수 없습니다. 그래서 그만 아이를 엄격하게 꾸짖고 말거나, 실망감을 노골적으로 드러내고는 나중에 '그래선 안 되었는데'라며 후회하고 반성하는 일도 많은 것입니다.

● 아이가 '보통'과 다르다고 느끼면 고립된 것 같다

'가만히 있지 못하는 아이'는 부모에게 '키우기 힘든 아이'인 경우가 많습니다. 영유아기때부터 여러 가지로 손이 많이 가기 때문에, 부모라면 냥코씨처럼 '원래 다들 이런가?' 하고 몇 번이나 자문했던 경험이 틀림없이 있을 것입니다.

육아를 위한 힌트를 얻을 수 있을까 하고 육아서나 인터넷 정보를 참조해도 거기에 있는 것은 '평균치'나 '다수파'의 정보뿐. '다른 애들과 다르다'라는 느낌이 강해질 뿐이지, 우리 아이에 대한 이해나 육아에는 도움이 되지 못합니다. 이런 일을 겪음으로써 고립감을 나날이 강하게 느끼게 되는 부모님도 있습니다.

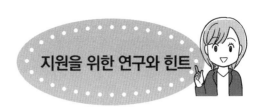

1 시간을 '시각화'한다

시간은 눈에 보이지 않기 때문에 이 아이들에게는 이해하기 어렵고, 그렇기에 더욱 '괴로운 지금'에서 도망치려고 하거나 '지금 즐거운 일'에 사로잡히기도 합니다. 보이지 않는 시간을 위와 같은 수단으로 시각화하면 예측을 할 수 있게 되어 '지금'에 대처할 의욕을 조금이라도 유지하기 쉽고, 다음 행동으로 전환하기 쉬워질지도 모릅니다.

2 자연스럽게 '코어'를 단련하게 한다

▲ 크기는 다양하게 있으나 앉았을 때 아동의 발바닥이 확실히 바닥에 닿는 정도의 것을 선택하십시오.

류타가 했던 것처럼 짐볼을 의자 대신 사용해봅시다.

짐볼에 앉으면 휘청거리는 몸을 지탱하기 위해 저절로 코어 근육(복근, 등 근육, 골반기저근 등)을 쓰게 되어 단련하게 됩니다.

그러면 고개를 들어올려 자세가 좋아지고 시선이 안정됩니다.

그 결과 필요한 곳에 의식을 계속 집중시키기 쉬워져서 주의 산만한 상태를 개선할 가능성이 커집니다.

3 구체적인 말로 전달한다

'잠시 기다려', '이 근처에 있어'와 같은 표현은 애매해서 이 아이들은 잘 이해하지 못합니다.

이런 말 대신 예를 들면, '5분, 이 방석 위에 있어' 등으로 객관적, 구체적 표현을 해봅시다. 아이가 스스로 눈치채게 하는 것이 아니라, 명확한 표현으로 전달하도록 하는 것입니다.

'하고 싶다'는 생각이 들면 참을 수 없어요

케이스 2

겨울

싸 ——

싸 ——

아하하, 재미있어.

류타, 젖으니까 파도를 피해야지.

훌러덩

안 된다니까. 너무 차가워서 언다고.

싫어, 들어갈래!!

물이 차가와서 안돼.

뭐

바다 들어갈래!

5세

아악-

첨벙-

안 돼 안 돼. 벗지 마.

괜찮아, 들어갈래!

빙옷.

30

케이스 2 '하고 싶다'는 생각이 들면 참을 수 없어요

즐겁게
하고 있는 것을
중단하기
싫은 거야!

지금
멈추면
다시는
못 해!

초등학생 때는
쉬는 시간에 시작한
공작을 그만두지 못해
수업 중에도
계속한 적이 자주
있었어

그만하자

안돼—

시동이 걸렸을 때
하지 않으면
창작의욕이 사라져버리니까
열의가 있을 동안에
끝내고 싶은 거야.

나한테는 하고 싶은 일이
최우선이니까
그만둬야 한다는 걸 알지만
선생님의 지시에 따를 수가
없단 말이지!

그런 건
지금
아무래도
상관없어.

수업을 안 들으면
이해를
못 하게 돼서
곤란해질 거야.

그만두지
않는 데다
부탁까지?!

선생님
컬러펜
빌려주세요.

케이스 2 '하고 싶다'는 생각이 들면 참을 수 없어요

드륵

난입

설령 큰 실수를 하더라도 끝까지 해내면 그걸로 만족인 거야!

무슨 소리야! 겨울 해수욕 때는 그 후에 감기 걸려서 큰 고생 했다고.

나까지 휘말려서 감기 걸렸잖아.

그건 엄마가 잘못한 거야.

덜덜 덜덜 덜덜

와, 성가신 녀석.

'겨울 바다는 입수 금지'라고 일러뒀으면 마음 정리가 되었을 거야.

ADHD에다 ASD라서

뭐?!

어째서.

바다에 들어가지 않게 하려면 미리 말해줘야지!

자, 세뱃돈.

저금해 놓고 계획적으로 사용해라.

초등 4
설날

사전에 조언해봤자 그만두지 못하는 일도 많잖아.

게임이라든가 용돈 사용법이라든가.

응, 그렇긴 하네. 특히 세뱃돈이라든가.

세뱃돈

응!

아 진짜, 류타. 세뱃돈 벌써 다 써버렸어!?

아빠가 계획적으로 사용하라고 하셨잖아.

3일 후

아이스

돈을 쓸 때는
최고로 행복하니까

낭비를 해도
후회하지 않아

주세요

거꾸로,
하고 싶은 것을
못 하면 눈물이
나올 정도로
속상해!

멍

지금부터
신체검사니까
그만해라.

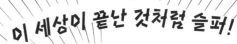

이 세상이 끝난 것처럼 슬퍼!

포기하지 못하고
몸부림치고
속상한 마음을
좀처럼 극복할 수
없어서 매우
괴롭지.

도대체
왜
이렇게
되는
거야.

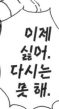

이제
싫어.
다시는
못 해.

아주 비참한 기분이 되어 회복되는 데 시간이 걸리고

그 후에도 후유증이 남는 경우가 있으니

즐거운 세계

어둠

가능한 그렇게 되지 않도록 하고 싶은 건 전력을 다해 끝까지 하려고 해.

왜지? 혼났어...

그렇게 생각하면 하고 싶은 것 = 살아가는 힘 이 되었던 걸지도 모르겠네.

하지만 그로 인해 주의를 받거나 야단 맞는 일이 있지.

마에카와 선생님의 어드바이스

멈추지 못하는 것은 왜 일까?
지나치게 집중해서 스스로 상황을 전환할 수 없는 상태입니다.

아이의 마음 | '열중하고 있으면 다른 데 신경쓰지 못하게 돼!'

● 뇌가 '잠금상태'가 되어 지나치게 몰입한다

이 아이들의 뇌는 한 가지에만 집중하는 상태에 빠지기 쉽고, 무엇인가에 열중하게 되면 마치 거기에 '잠금상태'로 갇힌 것처럼 될 수도 있습니다. 이것이 이른바 '과집중'입니다.

또한, 세세한 부분에 지나치게 집착해서 전체가 전혀 보이지 않게 되는 경우도 있습니다.

그 결과 류다처럼 집중하고 있는 대상은 확실히 보여도 그 외에는 전부 초점이 흐릿해져버리는 현상이 일어나는 것입니다.

초점 바깥의 것은 보이지 않고 들리지 않습니다. 그대로 있으면 과집중 상태가 계속 연장되어 즐겁다는 기분을 넘어 뇌가 피로해지고 맙니다.

● 흥미나 관심의 대상이 지나치게 특이한 경우도 있다

그들을 보고 있으면 '재미있다고 생각하거나 마음이 설레게 되는 지점이 다른 사람들과 다르구나' 하고 생각될 때가 많습니다.

예를 들면, '친구들과 함께 있으면 즐겁다'는 아이가 있다고 합시다. 역사를 매우 좋아하는 아이인데, 사실은 '특정 시대에 관한 퀴즈를 내는 것이 즐거운' 것으로, 친구들의 반응이나 친구들과의 인간관계에는 전혀 관심이 없는 경우도 있습니다.

혹은 '여행이 취미'라고는 하는데 관광이나 온천에는 흥미가 없고, 목적지에 가기까지의 철도 노선이나 전철 좌석 손잡이에 푹 빠져 있는 아이도 있습니다.

● 수위 조절을 못하고 '0 아니면 100'으로 행동하기 쉬움

문맥에 따라 뉘앙스가 달라지는 형용사는 그들에게는 애매해서 이해하기 어려운 표현입니다. 그러므로 '용돈은 조금씩 사용하도록', '계획적으로 쇼핑을 하자'라고 하면 잘 이해하지 못합니다.

'조금씩'이라고 하면 한 번에 얼마씩 사용하는지 구체적인 금액을 알 수 없습니다. '계획적으로'는 기한이 명시되어 있지 않습니다. 계획을 세우는 힘이 약한 그들은 1개월이나 1년 등 긴 시간에 걸친 계획의 이미지를 떠올리기가 어렵습니다.

이렇듯, '알맞게', '적당하게'라는 감각은 그들에게는 이해하기 어렵습니다. 그렇기에 돈이 생겼을 때 '0 아니면 100', 즉 전혀 사용하지 않거나 전부 사용하거나 둘 중 하나를 택하기 쉽습니다.

 부모님의 마음 | '주위 사람들에게도 아이에게도 마음을 전할 수 없는 것이 괴롭다'

● 주위의 시선과 자기가 알고 있는 아이와의 간극에 당혹

류타처럼 가만히 있지 못하는 아이나 수업을 차분하게 듣지 못하는 아이는 주위에서 '집중력이 없다'라고 평가하기 쉽습니다. 그러나 부모님은 그런 꼬리표가 붙는 것에 당혹감을 느낄지도 모릅니다.

그들은 자기가 좋아하는 것(예를 들면 게임, 애니메이션, 도감 등)에는 몇 시간이라도 집중하고, 게다가 내용을 상세히 기억하는 측면도 함께 가지고 있습니다.

집중하고 있을 때의 아이의 눈빛이나, 즐거웠던 일을 이야기할 때의 생기발랄한 모습을 부모님은 알고 계실 것입니다. 그렇기에 '이 아이는 집중력이 있어', '좋아하는 것을 마음껏 시켜주고 싶어'라고 생각하기도 합니다.

'이 아이는 집중력이 있는 거야, 없는 거야. 어느 쪽이 진짜인 거지?'라고 고민하게 되겠지만, 양쪽 다 '그 아이'입니다.

아이에게도 여러 가지 면이 있으며, 환경이나 발달과정에서 그것이 두드러지게 되거나 새롭게 나타나기도 합니다. 현재 보이는 특정한 어떤 면에만 주목해서 '이런 아이'라고 단정지을 수는 없다는 것을 이해해주십시오.

● '아이 편', '아이의 대변인'이 되고 싶지만 …

아이의 편에 서고 싶다고 생각하면서도 주위와의 관계부터 아이의 장래 문제까지, 여러 가지로 속을 끓이는 것이 부모라는 존재입니다. '다른 사람 생각도 좀 해!'라고 아이에게 말하거나 '나중에 고생한다'라고 경고하기도 하지요.

하지만 그들은 귀담아듣지 않습니다. 그러기는커녕, 제멋대로 이유를 내세워 반발까지 해서 부모님으로서는 '성가신 아이야'라고 생각하기도 할 것입니다. 그러나 아이를 키우는 데는 '성가심'이 늘 따라붙는 법. 성가시게 구는 아이는 그렇게 함으로써 '다른 사람과 관계를 맺으며 살아가는 힘'을 기르고 있는 것입니다.

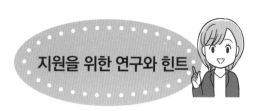

지원을 위한 연구와 힌트

1 시간을 나누어 과집중을 막자

　설령 좋아하는 것이라고 해도 과도하게 계속 집중하면 심신이 지쳐 감정이나 행동을 컨트롤하기 어려워집니다. 그들은 자신의 심신이 피로하다는 것을 잘 깨닫지 못하기 때문에 처음에는 부모님이나 지원자가 상황 전환의 계기를 제안하도록 합시다.

　예를 들면 위의 만화처럼, 장소를 바꾸면 상황 전환이 가능해지기도 합니다.

2 여러 감각을 일깨워 상황 전환을 시키자

'일정을 표로 만들어 보이기 쉬운 곳에 붙인다', '타이머를 설정해서 소리로 알린다'와 같은 형태로 시각이나 청각에 호소하는 것을 연구해보면 전환에 도움이 됩니다.

스트레칭이나 방의 환기도 신체에 좋은 자극을 주어, 주의나 사고의 전환에 도움이 됩니다.

3 집중력은 살리자

그들이 '하고 싶은 것'을 하며 기분 좋게 지낼 수 있는 시간을 존중하는 것도 잊지 마십시오. 그들의 집중력이 한 분야를 연구하거나 기술을 연마하는 데 연결되거나, 사회에 공헌이 되는 경우도 있습니다.

다만, 수면, 식사, 운동 등 건강 유지를 위해 필요한 시간을 확보하여 시간을 균형 있게 사용할 수 있도록 합시다.

미끄럼틀 ①

46

체력단련 ①

미끄럼틀 ②

패밀리레스토랑

체력단련 ②

조금은 차분해졌어

구직활동 때 면접처럼 단시간이라면 움직이지 않고 있을 수 있게 되었어. 의례나 관혼상제에서도 머리를 움직이지 않도록 조심하고 있지만, 그걸 신경쓰다 보니 예식 등의 내용은 거의 기억하지 못하는 것 같아.

'하고 싶다!'라는 마음은 조금 억제할 수 있게 되었어. 성인이 되고 나서지만, 스마트폰으로 알아보고 나서 행동하는 일도 많아졌지. 지금까지 여러 가지 경험을 해서 '잘 되지 않을 수도 있으니 알아보고 하는 게 좋아'라고 절실히 느꼈기 때문일지도 몰라.

그래도 완벽하진 않아

가만히 있을 수 있게는 되었지만 꼼지락 꼼지락 움직이고 싶은 마음은 변하지 않았고, 움직이고 말 때도 있어. 대화 도중에 상대방 이야기에 집중하려고 하면 무의식적으로 다리를 떠는 모양이야. 시계를 힐끔힐끔 보게 되는 버릇도 없어지지 않네~.

사전 조사를 하긴 해도, 주먹구구식으로 '어떻게든 되겠지' 하고 행동하는 경우도 있어. 예를 들면 휴일 드라이브에서 다음날 예정을 생각하지 않고 장거리를 마음껏 내달려서, 다음날 운전 피로가 풀리지 않은 채 출근할 때가 있지.

단체행동을 못 해요

뭐가 불만이야. 이제 충분하다고. 제대로 했으니까 끝내달라고.

빠

입장 행진이 잘 되지 않았어. 한 번 더.

연기 연습을 몇 번이나 시키니 이제 한계!

열혈

으아-

그러니까 보고 있는 동안에도 안절부절...

한 시간 만에 포기

못해!!

바들바들

혼자 체육관 뒤에서 느긋하게 보낸 적도 있지.

내가 없어져도 괜찮아.

아무도 곤란해 하지 않아.

견디지 못하고 몰래 빠져나와서

삐
삐ー

운동회 당일에는 즐겁게 할 수 있었지.

탕

그래도 스트레스 관리를 잘 하면서 연습에 참가했더니

음악 수업도 별로 내키지 않았었지.

책상이 없으니 마음이 안정되지 않아서 싫어.

다음 수업 음악실이야? 최악이다 ⋯⋯

지저분해. 책상이 있으면 바닥에 놓지 않아도 되는데 이상해.

교과서를 바닥에 놓게 되어 있어서 그게 기분 나빴어.

주위 친구가 내는 소리를 조용히 듣도록.

음악실은 음악감상을 하는 곳입니다. 조용히 합시다.

음악을 들을 상황이 아님

조— 용—

'조용히 한다'라는 게 안 되는 거야.

그러니까 그걸 억지로 하라고 하면 긴장해서 견딜 수 없게 돼.

라고 외쳐서 조용한 분위기를 깨뜨리고 싶어진단 말이지.

와!

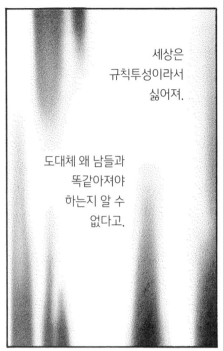

세상은
규칙투성이라서
싫어져.

도대체 왜 남들과
똑같아져야
하는지 알 수
없다고.

그래서 더 이상 참지 않고
음악 수업에는
참석하지 않기로 했어.
마음 쉼터라고 느긋하게
지내도 되는 방에
있기로 한 거야.

교실에 있기 괴로운
아이를 위한 장소

왜 선생님 말씀에
따라야만
하는 걸까.
모두와 같은 행동을
하는 게 그렇게
중요한가?

내 안에서
언제나 이런
생각이
소용돌이치고
있었어.

나는
무리하지 않고
자신의 마음을
우선시했던 것뿐

이쪽이
좋아!

몸이 안 좋은 것이나
마음을 숨기면서까지
주위 사람들에게
맞추는 건 바보 같다고
느꼈어.

긍정적(자유)

부정적(참기)

자기한테
편하거나 지내기
쉬운 쪽을 택해서
상황을 극복하고
있었던 거지.

집단 속에 융화되지 못하는 것은 왜일까?

집단에는 그들을 지내기 힘들게 하는 요인이 많이 숨어 있습니다.

아이의 마음 | '사람 많은 곳에 있으면 피곤해진다고!'

● 원래, 집단에 맞추는 것은 매우 힘든 일

'집단 속에 있다'라는 것은 단순히 '많은 사람들 속에 있다'라는 의미가 아닙니다. '집단 생활을 한다', '단체행동'이란,

- 공통의 목적을 이해하고 있을 것
- 주위 사람이 무엇을 하고 있는지 보고 거기에 맞출 것

등과 같은 암묵적 전제를 지키는 것이 그 집단의 일원에게 요구되는 것입니다. 자신만의 목적을 위해 생각나는 대로 행동할 수 있는 상황은 아니기에 필연적으로 지내기 어려운 상황이 생기게 됩니다.

● 예측할 수 없는 자극이 너무 많아서 지내기 힘든 환경, 그것이 '집단'

집단 속에서는 다른 사람과의 접촉이나 의사소통이 증가합니다. 많은 사람과의 소통에서는 예측할 수 없는 말이 난무하는 것을 듣는 것과 동시에, 예측할 수 없는 움직임도 보게 되지요.

이처럼 '집단'이라는 것은, 거기에 있는 것만으로 갖가지 감각을 동시에

자극받는 환경입니다. 그들에게는 매우 지내기 힘든 공간입니다. 특히 류타와 같이 감각과민이 있는 아이에게는 더욱 고통이 큰 공간이 되어 버립니다.*

*감각과민과 그 지원방법 등에 대해서는 전작 《발달장애 나에겐 불안 초조한 이유가 있어!》를 참조하십시오.

● '규칙으로 인해 소중한 내 자유가 박탈되고 있어!'라는 기분이 든다

집단 속에서 생활하게 되면 여러가지 '규칙'이 생깁니다. 규칙은 다른 사람과 더불어 살기 위해 필요한 것이지만, '왜 필요한가', '왜 지켜야 하는가' 등의 의미를 그들은 잘 이해하지 못하는 경우도 있습니다. 자기 나름대로 납득하지 못하는 그런 규칙에 대해 그들은 '자유를 박탈하는 것이다'라고 느껴 무시하거나 반발하기도 합니다.

그들은 상황에 따라 자신의 언동을 조절하는 것에 서툽니다. 그런 그들이 단체생활에서 문제없이 지낼 수 있게끔 규칙이 늘어납니다. '조금이라도 잘 지내게 되었으면' 하는 배려에서 그렇게 되는 것이지만, 그들은 더욱 '갑갑함'을 느끼게 되고 맙니다.

● '규칙'을 철저하게 지키려고 하는 경우도 있다

그렇긴 하나 그들이 규칙을 전혀 지키지 않는 것은 아닙니다. 오히려 어떤 종류의 규칙에는 철저히 따르는 측면도 함께 가지고 있습니다.

케이스 8에서 자세히 다루겠지만, 그들은 집단의 규칙을 혐오하는 한편, 자기 나름대로 납득하여 익힌 규칙에 대해서는 집착합니다. 그런 규칙은 '예상 밖'의 것들이 넘쳐나는 생활 속에서 그들에게 안도감을 주고 마음을 지켜줍니다.

 부모님의 마음 | '네가 제대로 못하니까 그렇지!!'

● '규칙'에 대한 질문, 이해 등 여러 생각들로 혼란스럽다

그들에게 부과된 다양한 규칙을 알게 될 때마다 부모로서는 '확실히 너무 많아. 지긋지긋하기도 하겠지'라고, 아이에 대한 동정심이 일게 되겠지요.

규칙으로 아이의 행동을 외부에서 통제하는 것이 과연 좋은 것인지, 아이의 주체성 발달을 저해하고 있지 않은지 불안해지기도 할 것입니다. 그렇긴 해도, 매일 트러블을 지켜보면서 '네가 제대로 못하니 규칙이 느는 거야', '네가 수월하게 지내도록 돕기 위한 거야'라는 생각도 강해지고 그 생각이 아이에게 전해지지 않는 것이 스트레스가 되기도 할 것입니다.

● 아이의 고립이 부모를 고립시키고 괴롭게 만든다

집단행동에 융화되지 못하는 아이는 고립되기 쉽고, 학교에서 트러블도 일으키기 쉬워집니다.

사람은 혼자서는 살아갈 수 없다는 사실을 부모님은 잘 알기에 아이에게 친구가 있는지 없는지 지나칠 정도로 신경을 쓰게 되기도 합니다. 방과후에 다른 아이와 약속이 있다는 것을 확인하고 안심했던 적도 있겠지요.

'또 어차피 말썽부렸다는 연락이겠지' 싶어서 알림장을 펴 보고 싶지 않다거나 학교에서 온 전화를 받고 싶지 않다고 생각하게 되는 경우도 있습니다. 실제로 말썽을 일으키는 것을 보게 되면 평정심을 유지하기 어렵게 되어 어찌할 바를 모르게 됩니다.

'아이가 외톨이'라는 사실은 때로 부모님에게 아이가 느끼는 것 이상의 괴로움을 주고 고립감을 강화시킵니다. '집단 속에 융화되어 타인과 함께 살 수 있게 되었으면' 하고 부모가 바라는 것은 부모 자신이 고립되어 고통스러워하고 있기 때문일지도 모릅니다.

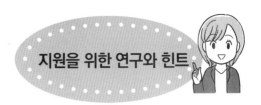

1 목적이나 의미를 설명해본다

'규칙'은 어떤 목표·목적을 위해 존재합니다. 무엇을 위해 존재하고, 그것에 의해 어떤 이점이 생기는지, 목적이나 의미를 그들에게 구체적으로 설명해줍시다.

자유를 빼앗는 것이 아니라 오히려 트러블을 방지하고, 지내기 편하도록 존재하는 것이라고 이해할 수 있게 되면 '규칙'에 대한 이미지가 바뀝니다.

2 소소한 성취감을 쌓아 완성으로 연결시킨다

행사처럼 완성까지 시간이 걸리는 일은 단기적 목표를 여러 개 만들어 착수해봅시다. 예를 들어 운동회 무용 연습이라면

① 음악 없이 네 마디 분량의 발 동작을 외운다

② 음악에 맞춰 네 마디 분량만 발 동작을 한다

③ 음악 없이 상반신 동작을 외운다 …

이런 식으로 조금씩 차례대로 완수해서 완성으로 이어지게 합니다.

▲ 맨 처음에는 과거의 실제 행사 영상을 보여줘서 이미지를 파악하도록 하는 것도 좋다.

3 스스로 자신을 통제할 수 있도록 이끌어주자

아이가 '어떻게 하고 싶은지, 어떻게 생각하는지'에 대해서도 귀를 기울입시다. 정말 중요한 것은 아이를 '규칙'의 틀에 끼워넣는 것이 아닙니다. '규칙'을 실마리로 해서 아이가 자기 자신을 통제할 수 있도록 하는 것이죠. 그 목표를 놓쳐서는 안 됩니다.

아이들의 목소리에 제대로 귀기울여줄 수 있는 환경이야말로 그들을 성장시키는 것입니다.

수업을 도저히 견디지 못해요

케이스 4

류타!

나에게는 교실에 앉아서 받는 수업 도 고통스러운 것 이었어.

초등 3

지금은 싫어요. 그럴 기분이 아니예요.

칠판을 보고 선생님 말을 듣자.

류타!

도저히 공부할 마음이 들지 않을 때는 복도로 도망쳤어.

수업에는
집중하지
못했어.

○월 △일 (요일) 당번

하지만 아무래도
5학년이 되니
부끄러운 것도
같네? 싶어
그만뒀지만

도무지
'노트 필기'를
할 수 없었던 거야.

그
첫 번째
이유는…

그야 노트 필기가
어려우니까 그렇지.

난 못한다고.

시
끄
럽
구
만

나월에 산 노트를
4페이지밖에
안 썼어…

왜 노트에 안 쓰는 거야?

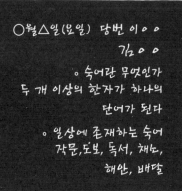

케이스4 수업을 도저히 견디지 못해요

그 후에 진학한 직업학교에서도 빼질거리며 공부에서 도망쳤지.

시험 범위 따위 체크 안 해ㅡ

중학교에서도 그런 상태였고

어릴 때부터의 꿈인 자동차 운전면허를 딸 때였네.

*임시 면허증: 일본에서 정식 운전면허증을 발급받기 전에 도로 주행 등을 이수해야 하는데, 그러한 주행 실습 등을 위해 필요한 면허증. (옮긴이)

마침내 자신의 능력과 마주해야만 하는 순간이 왔어!

하지만…

18세

임시 면허증* 필기시험 떨어지다

열 받아 하고 있을 때가 아냐.

만점을 받도록 공부해야 해.

필기 문제는 국어를 이해 못 하면 못 풀지도.

함정문제 만든 인간 용서 못ㅡ해

이렇게까지 해야만
되는 거구나.
이것이 노력인가 봐.

이해하려고
한다

目

노력한다

깨달았어.

!

교본

교통
교본

남들보다
암기력이
약하니
몇 번이고
문제집을
되풀이해
풀면서

해답과 해설

문장을
몇 덩어리로
나눠서 하나
하나 의미를
생각하자.

○○

이렇게 해야만
한다

단
△△일
때는
제외

○○와
같은
상황일
때는

나는 그때까지
공부를 한다는 게
자세를 흉내낼 뿐이지
공부하는 방법을 몰랐어!

마에카와 선생님의 어드바이스

수업에 집중하지 못하는 것은 왜일까?

학습방법이 맞지 않아 괴롭기 때문에
공부가 진척되지 않는 것일 수도 있습니다.

아이의 마음 | '아무리 노력해도 쓸 수가 없다니까!'

● 보기에는 똑같은 '못해'라도, 사정은 여러가지

이른바 '학습장애(LD)'가 있는 아이는 공부를 잘 할 수 없어 고충을 겪
는 경우가 많습니다. 그중에서도 노트 필기를 할 수 없거나 교과서를 읽
을 수 없는 문제는 '쓰기 장애', '읽기 장애'로 불리거나 양쪽을 합쳐 디스
렉시아(dyslexia, 난독증)로 부르기도 하는데, 실제로 아이가 직면하는 어려
움은 실로 다양합니다.

81~82쪽에 아이가 직면하는 어려움의 예를 들어 놓았습니다만, 이렇게
온갖 고생을 겪는 사이에 선생님이 칠판 글씨를 지워버리는 일도 있어서
이 아이들은 점점 더 궁지에 몰립니다.

또한 읽고 쓰기는 가능해도 류타처럼 필압이 너무 강해서 연필심을 부
러뜨리거나 노트에 구멍을 내거나, 거꾸로 필압이 너무 약해서 흐느적거
리는 글씨가 되거나, 애써 쓰더라도 읽을 수가 없는 등 수업에 차질을 빚
는 요인은 셀 수 없이 많습니다.

아이가 직면하는 어려움의 예 ①

▼ 글자가 움직이는 것처럼 보이거나, 이중으로 보이거나, 흐리게 보이기도 하고 여러 가지 색깔로 보이기도 한다.

▼ 일시적으로 기억을 붙잡아 두는 능력(작업기억)이 약하므로, 칠판을 보고 노트로 시선을 옮기는 사이에 글자나 단어를 잊어버린다.

▼ 받침이나 이중모음을 알아듣지 못하고 제대로 쓰지 못한다.

▼ 칠판에 씌어 있는 글자가 많으면 그중에서 지금 필요한 것이나 가장 중요한 것을 선택하지 못하여 어디를 봐야 할지 모르게 된다.

아이가 직면하는 어려움의 예 ②

→ 가로쓰기 책은 읽을 수 있지만 세로쓰기 책은 눈이 문자열을 잘 따라가지 못한다.

▼ 시선을 오가게 하는 눈의 움직임이 잘 되지 않는다. 상하 이동을 잘 못하는 아이, 좌우 이동을 잘 못하는 아이 등 여러 유형이 있어서 다음과 같은 어려움에 맞닥뜨린다.

→ 칠판, 노트, 선생님 얼굴, 교과서의 특정 부분 등으로 시선을 이동시킬 때마다 주목해야 할 곳을 놓친다.

선생님

부모의 마음 | '장래를 생각하면 좀더 노력이 필요한 게 아닌지…'

● **아이와 부모님의 노력 부족 때문만은 아니다**

이 아이들에게도 좋아하는 것, 잘 아는 것, 잘 하는 것, 열심히 조사를 하거나 배우는 모습이 있다는 것을 부모님은 틀림없이 알고 계실 것입니다. 따라서 '하면 된다'라고 생각하시는 경우도 있겠지요.

그러나 그들은 앞서 서술한 학습장애 외에도 '마음을 어수선하게 하는 자극이 많거나 목적을 이해하지 못하면 아무리 연습해도 기억으로 정착되기 어려운' 특성을 가지고 있기도 하므로 학습에 관한 문제는 노력만으로는 개선될 수 없습니다.

● 그래도 장래가 걱정되어 간섭을 하고 만다

성적은 아이의 진로나 장래에 연결되는 문제이기에 부모님은 걱정한 나머지 '공부해라' 따위로 야단치고 마는 경우가 있습니다.

아이를 생각해서 하는 행동이라고도 할 수 있지만, 실은 부모님 스스로 자신의 경험이나 사회적 가치관에 얽매여 있는 것일지도 모릅니다.

수험→대학→취직이라는 '정해진 길'에서 벗어나는 것은 아닐까 ―그런 부모님 자신의 불안을 불식시키고자 공부를 강요하는 것은 아닌지요.

1 그 아이에게 맞는 학습법을 찾는다

선택형으로 한다

▼ 따라 쓰기가 아니라 선택형으로 한다.
(올바른 글자를 익힐 수 있다)

학습 가능한 분량으로 줄인다

▼ 아이에게 맞는 횟수로 줄인다.
(지쳐서 하기 싫어지는 것을 방지)

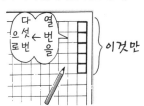

노트를 연구

▼ 노트를 바꾼다.(칸이 분명하게 나
뉘어져 있는 것이 쓰기 쉽다)

연습방법을 바꾼다

▼ 따라 쓰기 방법을 바꾼다.(시선을
움직이는 거리를 줄일 수 있다)

할 수 있는 방법으로 발표

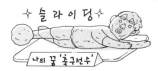

◀ 공작 등 아이가 잘하는 방법으로 과제에
몰두하게 한다.(과제를 끝까지 해 낼 수 있
게 된다)

아이의 요구나 '○○할 수 있게 되었으면' 하는 희망에 귀를 기울이고, 나아가 아이와 부모의 합의에 기반한 합리적 배려가 교육현장에서 이루어지는 것이 이상적입니다.

2 배움의 주체는 아이. 그 아이 나름의 목표가 무엇인지 생각해보자

앞서 소개한 것과 같은 지원은 아이의 '배우고 싶다'라는 마음을 북돋아줍니다. '모두 이렇게 하니까 이렇게 해야만 해'라는 생각을 버리고 개별 아동에게 무엇이 목표일지, '그 아이'가 주체적으로 배우기 위해 무엇을 할 수 있을지 생각해봅시다.

3 목표를 발견하기 위한 사고법

학습을 지원할 때 '이 아이가 무엇을 배우면 좋을까?' 하고 생각해보십시오. 좋은 아이디어는 거기에서 생겨납니다.

예를 들어 한자 따라 쓰기의 목적은 '① 정해진 횟수만큼 쓰는 것'일까요. 아니면 '②한자를 이해하는 것'일까요? ②라면 횟수에 연연할 필요는 없겠지요.

작문의 목적이 '체험을 전달하는 능력을 기르는 것'이라면 문장 이외의 수단으로 전달하도록 해도 무방할 것입니다.

운동회 투덜투덜

초등 6

운동회 연습하기 싫-어.

투덜이 구나

다들 햇볕에 타고 싶지 않은데 새까맣게 그을려서 완전 최악.

하긴 엄마도 그렇게 생각했어. 교정에 그늘이 없으니 더워서 너무 힘들어.

취소되라고 고사지낸 적도 있다구!

전날에 태풍 와서 엉망진창이 되어

앗, 말이 지나쳤어.

⋯⋯

나보다 더 심하게 말하니 아무 말도 못 하게 되었습니다.

호불호가 명확하다

이런 거 이제 창피해.

초등 5

86

소풍

운동회의 점심식사

필압 훈련 그 두 번째 ②

필압 훈련 그 첫 번째 ①

*1984년 미국에서 만든 가라테 영화. (옮긴이)

집단에 융화되는 건 할 수 있어

중학생이 되어 친구들이 생기고 나서, 집단 속에서 함께 즐길 수 있게 되었지. 선생님이나 다른 학생 등 주위 사람의 시선을 의식할 수 있게 된 것도 그 무렵이야.

초 · 중학교 때는 '다른 특기가 있으면 되잖아!'라고 생각하고는 공부에 열의를 쏟지 않았지만 직업학교에서는 조금씩 공부에 집중하게 되었어. 학비가 비싸서 '유급은 안 돼'라는 위기감이 있어서 말야 ~.

차분히 얘기하면 납득이 가게 됐어

중학교 1학년 때, 규칙을 지키지 않는다고 선생님께 따끔하게 야단맞았어. 하지만 차분히 대화했고 내 주장도 들어주셨기 때문에 '규칙을 지킨다'라고 약속하고 화해할 수 있었어. 선생님이 싫어지지도 않았지.

나를 야단치신 선생님과 화해한 뒤에, "이번에 타일러서 바뀌지 않으면 포기하려고 했다"라고 들었어. 그때 '미움받지 않게 해야 해!'라고 느끼고, 할 수 있는 범위에서 학교 규칙을 지켜야만 되겠다고 생각했지.

엇차

그리고 말야,
아파트 통로
난간에 매달린
적도 있었잖아.

초등
4

류타,
위험햇!

까~

아아,
그 균형잡기
놀이!

흐틀

흐틀

친구가
사는
아파트

쌩~

설마 우리
애가 저런
짓을 하다니

당장
중지
시켜야
해.

자전거도 이상한 방법으로 타질 않나, 부모 마음도 조금은 생각하라곳.

아ー네, 네.

버럭ー

있잖아, 운 나쁘면 죽는 거얏.

무릎이 땅에 스칠 정도까지 몸을 기울여 맹렬한 기세로 커브를 도는 거지.

모터사이클 경주 흉내야.

확실히 나는 속칭 무릎긁기라는 자전거 기술을 마구 해댔어.

왜앵

초등 5

좌우로 몸을 쓰러뜨리면서 커브 도는 건 즐거웠지.

수없이 넘어지면서 주차장을 빙빙 돌고

무릎긁기나
앞 바퀴 브레이크만 걸고
앞으로 고꾸라지기 직전에
멈추는 것도 했어.

나는
손 놓고
타는 건
못했지만

속도를 너무
내면 앞으로
고꾸라져

그런
짓까지!!

끼익

어머나

다들 손 놓고
타기 경쟁을 했어.
그걸 못하면 촌스럽다는
분위기였었지.

다친 것도
모를 정도였어.

집에 돌아와서야
겨우 아픔을
느끼는 거야.

아얏,
피가
나네.

열중하면
만족할
때까지
몰두하고
말지.

이미
지난
일이지만
그래도

머리
부딪치거나
골절되면
어쩌냐고.

하하하

유리구슬 때문에 위험했던 적도 있어.

그리고 말야, 지금껏 말 안 했는데

아장 아장

다치지 않게 조심조심 키워놨건만 '부모 마음 자식은 모른다'더니.

예쁘다~

혼자 집을 지키다가 ...

유리구슬이나 공깃돌은 목에 걸리면 숨을 못 쉬어서 죽으니까 입에 넣으면 안 돼!

어릴 적부터

엄마한테 이렇게 계속 다짐을 받았는데 그만 호기심에

초등 4

멍-

맛보고 싶네. 조금만 입 안에 넣어볼까.

오싹

아무도 없을 때 입에 넣으면 안 되는구나.

그게 아냐, 언제라도 입에 넣으면 안 돼.

그땐 아무래도 생명에 위협을 느꼈지.

그 얘기 듣지 말 걸.

톡

나왔다!

헉 헉

그도 그렇게...

미안 미안

그만큼 하면 안 된다고 말했는데 왜 해?

유리구슬은 맛보고 싶어지는 색과 모양이라고. 입 안에 넣기만 했는데 목에 걸릴 거라곤 생각하지 않잖아.

'위험할 수도 있겠다'는 생각이나 상상은 안 한 거야?

쏘옥

98

엄마가
걱정하는 일이
일어날 리
없어.

깊이 생각하는 건
젬병이야.

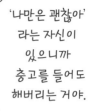

'나만은 괜찮아'
라는 자신이
있으니까
충고를 들어도
해버리는 거야.

우와! 위험한
녀석이네.
다치지 않으면
깨닫지 못하는
타입이구만.

그럴지도
몰라.

전에도 말했지만
하고 싶다고
생각하면 안 하고는
못 배기는
성격이고
말야!

하지만 어릴 때는 위험한 상황에 처하는 일이 너무 많아서 뭘 신경 쓸 틈도 없었단 말야.

차에 부딪칠 뻔하거나…

비틀

제대로 된 길이 아니니 다니지 말라는 도로를 자전거로 달리다가

〈 도로 사정이 최악인 지역에 살고 있습니다 〉

아니… 들으면 오싹해지니까 됐어!

말하면 혼나거나 귀찮게 되니까 말 안 했던 거 더 있는데 말해?

이때까지 살아 있는 것만도 기적일지 모른다고 생각하는 엄마였습니다.

101 케이스 5 위험한 놀이를 자꾸만 해요

마에카와 선생님의 어드바이스

위험한 행동을 하고 싶어하는 것은 왜일까?
앞을 내다보는 힘이 약하므로 실제로 해봐서
확인해보고 싶어지는 것입니다.

아이의 마음 | '무슨 일이 있어도 해보고 싶어!'

● 예측을 하는 것이 서툴기에 꼭 해봐야만 직성이 풀린다

우리 어른들은 뭔가 하고 싶다는 생각이 들어도 '이렇게 하면 이렇게 될지도 몰라' 하고 추측하고 실제로는 행동에 옮기지 않거나, 도중에 '하면 안 된다'라고 깨닫고 그만두기도 합니다.

하지만 이 아이들은 그런 식으로 상상하는 것을 잘 못하는 데다, 케이스 1에서 썼듯이 예측하는 힘도 약하기 때문에 해보지 않고는 견딜 수 없는 마음이 됩니다. 실제로 해보면 어떻게 되는지 자기 눈으로 보고 싶어 참을 수 없는 것입니다.

그들은 곧잘 남들과는 다른 지점을 보기 때문에 그런 호기심이나 탐구심으로 생각지도 못한 대발견을 하는 힘을 가지고 있습니다. 그러나 목숨에 관계되는 일이나 명백히 위험하고 유해한 것을 안이하게 해보는 건 안 되지요.

예를 들면, 애니메이션에 나오는 고양이는 옷장에 깔려도 납작해질 뿐입니다. 그러나 현실의 고양이를 가지고 같은 일이 벌어질지 시험해본다면 비극이 기다리고 있을지 모르지요. 시행착오는 중요하지만 '해봐도 되는 것'이 있고 '안 되는 것', 또는 '해 볼 수 없는 것'이 있다는 사실을 가르치는 것이 이 아이들에게 도움이 됩니다.

● 좁은 시야와 독특한 신체감각 등이 상처를 야기

이들 중에는 길 건너편 나무에 붙어 있는 매미의 허물에 참을 수 없는 매력을 느끼고 무의식적으로 차도에 뛰어들거나 누가 봐도 위험한 높은 장소에서 점프하거나 해서 큰 상처를 입는 아이도 있습니다.

그렇지만 위험이나 공포에 대한 감각이 결여되어 있는 것은 아닙니다. 깊이 생각도 (그들 나름대로는) 할 수 있고, 무서워하는 것도 있기 때문에 행동하기 전에 굉장히 신중해지기도 합니다. 그래도 갑자기 위험한 행동을 저지르고 마는 원인은, 어쩌면 다음과 같은 특성 때문일 수도 있습니다.

• 자신의 신체 이미지가 불확실(독특한 감각으로 인해 자기 몸의 상태를 잘 파악하지 못한다*)

---

* 자세한 내용은 이 책 케이스1을 참조

- 충동성이 강하다(하고 싶다고 생각하면 멈출 수가 없다)
- 시야가 좁다(몰두하면 주위가 보이지 않게 된다)

또한 스트레스로 감각이 둔해지면 마치 감각을 각성시키려는 듯이 긴장되거나 몸에 아픔을 느낄 행위를 하는 아이도 있습니다. 그렇게 해서 '자신'이라는 존재를 확인하고 있는지도 모릅니다.

'아픈 경험을 한번 해봐야 혼쭐이 나지'라고 말하는 어른도 있습니다만, 그들의 경우에는 일반화(경험을 다른 상황에서 응용하는 것)를 잘 하지 못하기 때문에 '아픈 경험'을 한다고 꼭 조심하게 된다는 법은 없다는 것이 고민스러운 점입니다.

 부모님의 마음 | '걱정이야. 잠시도 눈을 뗄 수가 없어!'

● 아이에게서 눈을 뗄 수가 없어. 그러니 안심할 수 있는 순간이 없어!

류타같이 지나치게 활발한 아이는 어릴 때부터 사고나 상처를 자주 경험할지도 모릅니다. 그렇게 되면 부모님 입장에서는 아무래도 바깥에 데리고 나가는 것을 주저하게 되고 말지요.

각오를 하고 함께 외출해도 잡은 손을 놓지 않고 목적지에 도착하기까지 예상 외의 행동을 하는 아이와 전쟁을 치르게 되는 상황도 흔한 일입니다. '개처럼 목줄을 해서 다니고 싶다'라고 본심을 드러내는 부모님도 적지 않습니다.

● **'몸이 안 좋다', '아프다'라고 말하지 않으니 전전긍긍**

이 아이들은 아프다거나 몸이 좋지 않다는 말을 하지 않을 수도 있습니다.

• 카페트에 피가 묻어 있다 → 자세히 보니 아이가 발에 상처를 입었다.

• 빗속에서 아이가 이상하게 얼굴이 상기되어 놀고 있다 → 체온계로 쟀더니 열이 높았다.

등과 같은 경우도 있었습니다. 자칫하면 치료 적기를 놓칠 수도 있어서 부모님은 걱정으로 노심초사하시겠지요.

● **목숨이 몇 개라도 모자라!**

아이가 무엇을 하는지 모르겠다, 다쳐도 아프다고 표현하는지 알 수 없다 ─ 그런 상태는 이미 장난꾸러기로만 볼 수준을 넘어선 것입니다.

무모한 행동이 계속되면 부모님은 '목숨이 몇 개라도 모자라!'라는 생각이 들기도 합니다. 때로는 일부러 위험한 짓을 하나 싶기도 하기 때문에 '이 아이는 행동하기 전에 생각을 좀 할 줄 모르나' 하고 머리를 싸매고 싶어지기도 할 것입니다.

지원을 위한 연구와 힌트

1 안전한 '실험', '체험' 기회를 만든다

아이의 생명에 관련된 것은 어른이 '규칙'을 명시하여 중지시켜야 합니다. 다만, 중지시키기만 하지 말고 때로는 '어떻게 하면 안전하게 실험이나 도전을 할 수 있을지' 함께 생각해보면 좋을 것입니다. 해보고 납득하면 바람직하지 않은 행동은 줄어들고, 지적 호기심이 자극되어 창조적 활동으로 이어질 가능성도 있습니다. 안전하게 시도할 수 있는 것을 해보고 납득하는 과정을 존중해봅시다.

2 충동을 발산시킬 수 있는 방법을 익히게끔 하자

긴장을 완화시키는 방법을 아이에게 미리 가르칩시다. 구체적인 순서는 아래와 같습니다.

숨을 들이쉴 때는 코로, 내쉴 때는 입을 약간 벌리고 한숨을 쉬듯 하아 ~ 하고 숨을 내쉬어 봅시다. 행동으로 옮기고 싶은 충동이나 안절부절 못 하는 기분을 진정시키는 데 도움이 됩니다

▲ 몸 속의 공기를 천천히 밖으로 토해낸다 .

▲ 마음 속으로 1, 2, 3, 4 하고 세면서 숨을 들이쉰다.

▲ 다시 ②와 같거나 좀더 긴 시간을 들여 숨을 내쉰다.

3 '목숨을 소중히 한다는 것'에 대해 가르친다

'목숨을 소중히 해야지', '자신을 소중히 해'라고 가르쳐도 너무 추상적이어서 그들은 이해할 수 없습니다. 죽음이라는 것을 이해하지 못하는 아이도 있습니다. 그림책을 이용해 상호작용하면서 '생사', '목숨', '자기'란 무엇인지에 대해 함께 생각할 기회를 가져봅시다

어떻게 느꼈어?

▲ 의견을 주고 받으며 스스로 관심을 가질 수 있게 되면 이해가 빨라집니다.

척척 해내지 못해요

폴리곤?

류타의 어깨 동작이 뚝뚝 끊기는게 폴리곤(다각형) 게임 같다.

90년대 3D 그래픽

금세 나쁜 의미라는 걸 깨달았다.

자 봐. 던질 방향으로 똑바로 향해서

이리

저리

어째서 이렇게 되지?

몇 번을 던져도 목표지점으로 던지지 못했어.

아빠가 열심히 가르쳐주셨지만

공은 이렇게 쥐고! 팔꿈치는 여기까지 올려!

피구할 때도
잘 던지지 못해서
공이 생각지 못한
방향으로 날아갔는데

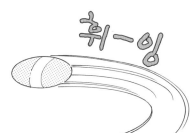

왜 그런지
나도 몰라.

맞혔다!

으악.

그 덕에
오히려 잘된
적이 있었지

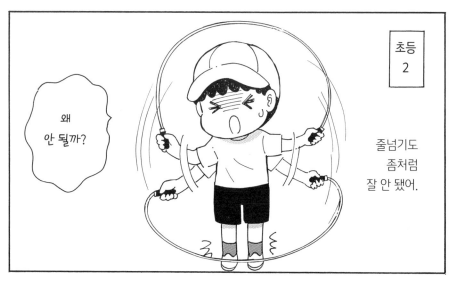

왜
안 될까?

초등
2

줄넘기도
좀처럼
잘 안 됐어.

그렇구나

몸의 여러 부분을 의식하며 움직여야 하니까 말야.

수영 같은 건 최악이었어.

초등 4

류타, 발차기가 힘이 없어. 팔다리도 굽었어. 똑바로 펴.

쭈욱

선생님

그게 안 되니까 고생한 거라고!

하지만 몸 동작을 익히면 간단히…

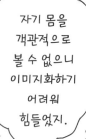

첨벙

자기 몸을 객관적으로 볼 수 없으니 이미지화하기 어려워 힘들었지.

팔다리를 펴라고? 어느 정도 힘을 줘야 되는지 모르겠어.

이러면 되나?

첨벙

첨벙

어깨를 쓰는 동작이 특히 어려웠지.

삐걱 삐걱

어라, 저항이 있어서 굽히기 힘들어.

?

어릴 때부터 가끔 어깨나 팔 관절이 잘 안 굽혀질 때가 있었고

탁

휙

저항이 사라짐

팔이 안 굽혀질 때는 두들기면 돼.

몸이 늘 정상적으로 움직인다는 법은 없어.

갑자기 다리에 힘이 빠져서 넘어질 것 같은 거야.

몸이 축 처져서 깜짝 놀라.

여러분 이런 일 있지 않나요? 엥... 없다고?!

이런 일도 있었지.

평소엔 문제 없이 걸을 수 있지만

다리가 원래대로 돌아오려면 몇 초 걸려.

어이쿠.

한쪽 다리만 그런 거니까 금세 자세를 바로잡아서 넘어지진 않지만

이렇게 한다고 배워도

할 수 있으려나?

손가락도 생각대로 움직일 수 없었어.

리본 묶기 연습을 끈으로 시도.

세밀한 작업은 간단한 동작도 두 박자 정도 여유가 필요한데

내 경우 몸이 재깍 움직이지 않아서

풀렸닷

휙

손목이나 손가락이 뻣뻣해서 생각대로 되지 않아.

손끝을 잘 움직이지 못해서 힘든데 잔소리 섞어 가르치니 더 싫었어.

단추 달린 옷 따위 평생 안 입을래.

초등학생인데 단추도 못 잠그면 창피하지

단추를 못 잠근다든가 끈을 못 묶는 데는 그 원인이 있었지.

뻣 뻣

② 반대쪽 손으로 단추구멍 부분을 단추에 갖다 댄다.

이렇게

자, ① 단추를 쥔다.

단추 잠그는 법을 몇 번씩 느린 동작으로 보여주면 좀 나았지만 말야.

예를 들면 이런 식으로...

운동을 못하는 것은 왜일까?
여러 동작을 통합하기가 어렵다는 점과 특유의 신체 감각으로 인해
운동을 잘하지 못하는 것입니다.

아이의 마음 | '한번에 여러가지는 못 해!'

● 몸의 각각 다른 부분을 동시에 움직이는 것은 어렵다

이 아이들 중에는 움직임이 어색하거나 연습해도 운동이나 작업을 제대로 못 하는 아이가 있습니다만, 게으름을 피운다거나 성실하지 못해서 그런 것은 아닙니다. '동시에 여러 가지를 하는' 것이 서툰 것입니다.

자기 몸을 움직일 때도 동시에 여러 동작을 하기가 어렵고, 몸에서 각기 다른 부위의 움직임을 통합하는 것이 잘 되지 않습니다. 따라서 예를 들면 무릎을 굽히거나 허벅지를 들어올리거나 점프하는 식으로 각각의 동작은 할 수 있어도, 그것들을 조합해서 한 발씩 번갈아 깡충깡충 뛰는 스킵 동작은 못 하는 경우가 있습니다.

체육 수업에서 요구되는 동작은 신체 여러 부위를 움직이게 하는 것이 많습니다. 그런 동작을 하려고 하면 이 아이들은 자기 몸인데도 제대로 컨트롤되지 않아서 당혹스러워합니다.

● 독특한 신체 감각이 운동을 방해하기도 한다

또한 케이스 1과 케이스 5에서도 소개했습니다만, 이 아이들 특유의 신체 감각 문제도 영향을 미치고 있습니다. 고유 수용성 감각이나 전정 감각 등의 발달이 저조한 아이들에게서는 다음과 같은 양상이 나타나기도 합니다.

① 몸의 좌우 균형을 잡기가 힘들다

걷고 있을 때 좌우 균형을 잘 잡지 못해 비틀거리는 것처럼 보이는 경우가 있습니다. 여기저기 부딪쳐 다치는 아이도 드물지 않습니다.

② 힘 조절을 하면서 힘을 주거나 푸는 것을 잘 못한다

적절한 곳에 힘을 주거나, 반대로 힘을 풀거나 하는 것을 어려워하기도 합니다.

예를 들면 걷고 있을 때 발끝에 과도하게 힘을 주는 아이나 물건을 제대로 쥐지 못해서 떨어뜨리는 아이가 있는가 하면, 친구 어깨를 필요 이상으로 강하게 쳐서 울려버린 아이도 있었습니다. 손끝을 사용하는 정교

한 작업에 서툰 것은 이 힘 조절을 잘 못하는 점에도 원인이 있는 듯합니다.

● 물론 몸을 잘 쓰는 사람이나 운동을 잘하는 사람도 있다

운동이나 정교한 작업을 '못한다'고 하지만 그들 모두가 똑같이 못한다거나, 작업 능력이 전혀 없다는 것은 아닙니다. 올림픽 선수 중에는 ADHD 진단을 받은 사람도 있고, 종이 접기나 모형 제작, 혹은 세필화에서 프로급으로 뛰어난 사람도 있습니다.

 부모의 마음 | '왜 못하는지 도통 이해를 못 하겠어!'

● '다른 애들과 달리 너무 서툰' 것이 안됐어

• 활발하고 바깥에서 노는 걸 좋아하는 아이인데 한 발씩 번갈아가며 깡총깡총 뛰거나 줄넘기, 뜀틀 같은 운동을 못 한다.

• 다른 애들은 다 순조롭게 할 수 있는 것을 이 아이만 못 한다.

이런 상황에 마주칠 때마다 부모님은 도저히 이해할 수 없는 심정일 것입니다. '스포츠 교실에 보내면 어떻게든 되겠지'라고 진지하게 생각하는 부모님도 적지 않은 듯합니다.

본인은 열심히 하는데도 손발의 움직임이 부자연스러우니 행동이 로봇처럼 되어버려서 주변 사람들의 웃음거리가 되는 상황에 처하기도 하고 의기소침해지는 일도 있을 것입니다.

● 미세한 손끝 동작은 생활에 필요하기에 잘 못하면 걱정

손끝으로 하는 세밀한 움직임이 서툰 아이는 취학 시기가 다가와도 단추를 채우지 못하거나 끈을 묶지 못하는 경우가 있습니다. 적극적으로 그림을 그리려고 하지 않거나, 그렸어도 무엇을 그린 건지 내용을 전혀 알 수 없는 것도 있어 또래 아이들의 그림과 비교해 걱정이 되기도 할 것입니다.

부모님은 아이를 위해 훈계한다는 마음에서 '멍하니 있지 말라고!'라든가 '제대로 좀 해!'라고 간섭하고 싶어지는 한편, '더 가르쳐야 해', '훈련이 필요해' 하고 책임을 느끼는 경우도 있을 것입니다.

그러나 지금까지 서술한 내용에서 알 수 있듯, 못하는 원인은 주로 아이의 특성에 있습니다. 아이가 성실하지 못해서도, 부모님이 책임을 다하지 못해서도 아닙니다. 열심히 노력해도 남들과 똑같이는 할 수 없는 것도 있습니다.

지원을 위한 연구와 힌트

1 '감각통합'을 촉진시키는 지원을 해보자

위와 같은 신체운동을 통해 다양한 감각을 균형 있게 자극하면서 한 가지 이상의 감각을 서로 연결시켜 가는 체험을 '감각통합'이라고 부르고, 이것이 인지나 사회성의 발달을 촉진시킨다고도 알려져 있습니다.

근처의 발달지원 관련기관 등에서 이런 지원을 받을 수 있는 경우도 있습니다. '감각통합' 이라는 검색어로 인터넷에서 검색해봅시다.

2 부정적인 평가나 '놀림'은 금물

설령 동작이 어색해도 본인은 진지하게 노력하고 있습니다. 그것만은 잊지 않도록 하면서 지켜보도록 합시다.

주위 사람들이 웃거나 조롱하는 등 놀리는 말과 행동을 하고 있다면 반드시 제지합시다.

본인도 놀림받는 것을 즐기는 듯이 보이는 경우가 있으나, 고립되지 않기 위해 함께 웃고 있을 뿐, 상처받고 있을지도 모릅니다. 또한 놀림이 어느새 괴롭힘으로 발전되는 경우도 적지 않습니다.

3 운동발달은 먼저 몸 중심에서

아이의 운동은 반드시 몸 중심부에서 말단부의 순서로 발달해 갑니다. 손발을 쓰는 것이 서툴러 보인다고 해서 그 부분에만 집중적으로 훈련을 하기보다는 몸 중심부를 안쪽부터 단련시키는 쪽이 효과적입니다.

복식호흡법도 속근육을 자극하고 몸의 중심부를 풀어주며, 코어 근육을 단련시키도록 도와줍니다.

▲배에 손을 얹고 천천히 '1, 2, 3, 4' 하고 세면서 숨을 내쉬어 배를 납작하게 한 후, 다시 배에 공기를 넣는 상상을 하며 숨을 들이쉽니다.

자극 시소

초등 2

엄마, 세게 올라타.

헤헷

이거 너무 좋아.

쿵

휙

스윽

초등 5

쿵

엥.

류타가 커졌으니 그렇지.

세게 튀어 오르지 않네.

그림은 안 그려?

욕실용 크레용으로 벽 전체를 칠함!

126

아픈 이야기

공원에서

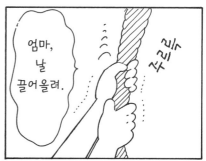

자기평가 ②

칭찬 들어도 기쁘지 않을 때가 있어

잘 했어

대단 하잖아

추구하는 목표는 더 높다고. 그걸 따라가지 못하면 괴롭고 초조해져.

대성공

현실

자기만족도가 중요한 거야.

창작하고 있을 때는 다른 사람의 평가가 신경쓰이지 않고

다시!

그래서 몇 번이고 같은 것을 만들 때도 있어.

자기평가 ①

셀로판 테이프 붙여야 할 곳에 붙일 수 없어!

초등 4

생각대로 손가락이 움직이지 않아 초조

뻣뻣

뻣뻣

잘 붙이지 못해도 괜찮아. 잘 했어.

엉?!

지금은 칭찬 하지 마.

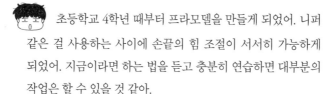

신체적 문제는 극복했어

초등학교 4학년 때부터 프라모델을 만들게 되었어. 니퍼 같은 걸 사용하는 사이에 손끝의 힘 조절이 서서히 가능하게 되었어. 지금이라면 하는 법을 듣고 충분히 연습하면 대부분의 작업은 할 수 있을 것 같아.

중학교 1학년 때 특별활동(테니스)이나 스키를 열심히 한 덕분에 근력이 붙고 코어 근육도 탄탄해졌는지 운동에 대한 자신감 부족은 꽤 해결됐어. 다리에 힘이 없다거나 팔이 굽혀지지 않는다는 문제도 지금은 거의 없어.

스릴을 추구하기도 한다

무서운 놀이기구를 좋아해. 평온한 시간과 흥분하는 시간이 번갈아가며 되풀이되어 기분이 정신없이 마구 변화하는 상태가 좋은 건지도 몰라. 머리 중심에서 쾌감 물질 같은 게 찌르르 분비되는 느낌이 든단 말이지.

그리고 고속도로에서 차를 운전하고 있으면 자기도 모르게 속도를 내고 싶어질 때가 있어. 감각이 쨍하고 벼려지는 듯한 그 긴장감이 좋은 것 같아. 뭐 내 차는 고물이라 그렇게까지 속도는 못 내지만.

응석만 부리려고 해요

케이스 7

……

응석을 부린다지만 입 다물고 그저 무릎 위에서 멍-하니

휴 무거웠어.

어, 그래.

벌떡

뭐였지. 사춘기 아이란 알 수가 없네~?

이제 됐어.

1분 정도 있으면 직성이 풀리는지 슬쩍 떨어지죠.

왜 이러지?

엄마랑 손잡는 건 좋지만 학교 친구들이 보면 부끄럽지 않아?

이 무렵 그 밖에도 치근덕 치근덕 스킨십을 할 때가 있었습니다.

꼬옥

별로.

있지, 미니카 사 줘.

그런가 했더니 조르기 시작했습니다.

음- 엄마는 신경 쓰이는데.

지금은 잡고 있고 싶으니까 신경 안 써.

거짓말. 아까 장봤으니까 돈 있잖아. 사 줘.

3천 원짜리 미니카니까 괜찮잖앗.

뭐어-

요전에 사 줬잖아. 오늘은 안 돼. 돈도 없고.

134

삐뽀－
부르르릉

작은
소리로
계속

아이고－피곤한 녀석.
응석 부리다 화내다
이해를 못 하겠네.
변덕이 죽 끓듯 해서
장단을 못 맞추겠어.

여기서
놀지
마.

부우우우우웅.

해냈어,
확보!

초등
6학년이
이러고 놉니다.

기다려－

사
줘

저는
사줄 때까지
절대
포기하지
않습니다!

안녕하세요,
현재의 류타
입니다.

한번 갖고 싶다고
생각한 건
무슨 수를 써서라도
가지려고
기를 쓰지요.

류타는 물건에 대한 집착이 너무 강해.

현재의 엄마

뭐... 엄마는 다루기 쉬워요.

이 녀석~ 구시렁

엄마는 마구 떼쓰면 사준다는 걸 아니까 끝까지 밀어붙이게 되지.

하지만 화나게 하려는 게 아냐.

싼 거라도 좋으니 뭐든 한 개라도 사주면 기쁜 거야.

미니카

미니카

3,000

이걸 느낄 때가 행복한 거야.

그런 거야?!

엄마는 엄청 화내지만 마지막엔 내 투정을 들어주지.

미니카

3,000

밥을 먹을 때도
뭔가 생각하는
것 같아서

보통 엄마는
일 때문에 바쁜 것 같고
말은 걸면서도
날 봐주지
않지.

하고 싶은
이야기가
있지만 꺼내기
힘드네.

멍-

왔니.

다녀
왔어요

이런 생각을 할
때가 있었어.

날
싫어하는
걸까?

날 생각하고
있는 건지
알 수
없어서

와- 모형 레일

장난감을
사주면
불안이
진정되는
느낌이랄까.

미안!
서운하게
한 줄 전혀
몰랐어.

갑자기
불안해질
때가
있어서

외로운 듯
무서운 듯
복잡한
기분에
사로잡혀

술렁

술렁

누군가의 옆에 있어도
외로워져

학교에서 안 좋은 일이
있었던 날은
집에 있어도 갑자기
기분이 무거워져.

술렁......

그래서...

술렁......

그렇구나.
무릎 위에 앉을
때도 그런 불안감
때문이었어?

그래서
안심하고 싶어서
엄마한테
붙는 거야.

남의 눈을 신경쓰지 않고 응석을 부리는 건 왜일까?
응석을 부림으로써 마음의 고통을 달래거나
용기를 내려고 하는것입니다.

아이의 마음 | '혼자가 아니야'라고 실감하고 싶어!

● '플래시백'으로 인해 불안해지는 경우가 있다

누구나 나쁜 일을 겪으면 불안해지지만, 지나고 나면 불안감은 점차 희미해집니다. 그러나 이 아이들은 '이미 지난 일인데 그 경험이 생생하게 기억나 또다시 불안과 공포를 맛보는' 경험을 하기도 합니다.

이 현상을 '플래시백'이라고 하는데, 단순히 기억이 나는 수준을 넘어서 과거의 체험이 눈앞에서 선명하게 재현되는 듯한 느낌을 받는 것 같습니다. 다른 사람들에게는 그저 지난 일이지만 그들에게는 '지금 겪고 있는 일'로 다시금 고통받는 것입니다.

● 스킨십은 불안에서 벗어나 진정하기 위해서였다

성인이 된 류타는 자기가 왜 엄마와 스킨십을 했는지 말로 설명할 수 있었지만, 아이들은 대개의 경우 접촉하고 싶어지는 이유를 자각하지 못합니다.

만지는 행위는 그들이 불안할 때, 혼란스러울 때, 외로워졌을 때, 또는 몸과 마음이 지쳤을 때 일어납니다. 접촉함으로써 뭔가 확실한 것과 이어져 불안감이나 좋지 않은 기분에서 해방되고, '혼자가 아니야'라고 안심하며 자신을 지키려고 하는 것입니다.

그렇게 함으로써 괴로움에서 일시적으로 벗어나면서 새로운 행동을 하기 위한 용기를 쌓고 있습니다. 불안할 때 도망가서 응석을 부릴 수 있는 피난처가 있기에 마음껏 도전할 수도 있게 되는 것입니다. 대체로 부모님이나 교육 담당자가 그런 '응석 부릴 수 있는 피난처'가 됩니다. 피난도 할 수 있고, 용기를 끌어낼 수도 있는 이곳은 '마음의 안전기지'라고도 불립니다. 이 아이들의 성장을 위해서는 이 '기지'의 존재를 빼놓을 수 없습니다.

● 사람에 따라 만지고 싶다고 생각하는 대상은 다양

또한 그들이 만지고 싶어하는 것은 엄마나 아빠의 몸뿐만이 아닙니다. 그 밖에도

• 좋아하는 어린이집 선생님의 손등(특히 혈관이 솟아올라 올록볼록한 부분의 감촉을 좋아함)

• 할머니의 팔꿈치 피부나 할아버지의 귓불(잡아당기거나 문지르거나 하며 촉감을 만끽한다)

• 수건에 붙어 있는 태그(수건의 천보다 반들반들한 게 좋아서)

같은 것을 만지고 싶어하는 아이도 있습니다. 촉각을 통해 전신의 신경이 안정되는 느낌을 받는 것입니다. 어떤 것이든 이런 접촉 행위는 좋지 않은 기분이나 감각에서 벗어나고 싶어서 하게 되는 '자신을 지키는 행위'이므로, 만지고 싶어지면 그 마음을 억누를 수 없습니다. 오로지 자신을 지키는 것에 열중해서 다른 것은 눈에 들어오지 않게 됩니다.

 부모님의 마음 | '혹시 나의 애정이 부족했나?!'

● **응석 부리는 것까진 좋으나 한도가 있다**

아이가 응석을 부리면 부모로서 기분이 나쁘지는 않을 것입니다. 하지만 응석 부리는 장소나 정도, 혹은 아이의 나이에 따라서는 당혹스러워하게 됩니다. 적당하면 문제 없을 일도 반복이 되면 일상생활에 지장을 주게 됩니다.

• 사람들 앞에서 아이가 갑자기 부모의 옷 속에 손을 넣는다.

• 아이가 부모 무릎 위에서 몇 시간이고 움직이지 않는다.

• 어디든지 따라오기 때문에 마음 놓고 화장실도 못 간다.

이런 상황이 되기도 하고, 부모님보다 키가 커진 아이가 꽉 껴안거나 하면 누구라도 곤혹스러울 것입니다. 부모님도 할 일이 있거나 그때 그때의 사정이 있으니 '적당히 좀 해!' 하고 그만 소리를 지르게 되기도 할 것입니다.

'적당히'를 적당히 이해해줬으면 좋겠다고 생각하는 건 당연합니다.

● '애정을 충분히 쏟지 못한 걸까' 하고 불안해지기도

'다 컸는데 자꾸 달라붙으며 응석을 부리는 건 어릴 때 애정을 충분히 주지 못해서일까.'

'일 때문에 바쁘거나 생활에도 여유가 없어서 아이의 욕구에 충분히 응해주지 못했기 때문에 지금에 와서 어리광을 부리는 건가.'

이렇게 불안해지거나 자신을 책망하는 부모님이 계실지도 모르나, 불안에 직면한 사람이 누군가에게 응석을 부리거나 스킨십을 바라는 것은 자연스러운 일입니다.

애정은 오랫동안 스킨십을 하거나 돈을 많이 들인다고 전해지는 것이 아닙니다. '이미 어린 시절이 지나버렸으니 늦었어'라는 식으로 생각할 일도 아닙니다. 아이를 소중하게 여기는 자기 마음에 자신감을 가지도록 하세요.

1 타이밍을 변경시켜 대응한다

    어른의 마음과 행동의 불일치는 아이에게 혼란스러운 메시지를 주는 경우가 있습니다. 아이가 응석을 부릴 때는 남의 눈을 신경쓰면서 마지못해 응하는 것이 아니라 위의 만화처럼 대응합시다.

    아이가 무리하게 조를 때는 '안 되는건 안 돼'라는 태도를 관철시키길 권합니다. 그러는 편이 결과적으로 아이가 욕구의 컨트롤을 배우는 데 도움이 되기 때문입니다.

2 어리광 부리는 방식을 발달 단계에 맞게끔 바꿔 간다

몸을 직접 만지며 어리광 부리는 것은 제2차 성징이 나타나기 전까지 쯤으로 해둡시다.

그 시기가 오면 엄마 몸을 만지는 대신, 예를 들면 엄마의 스웨터를 만지게 하거나 엄마와 손으로 하이 파이브를 하는 식으로, 사회적으로 허용되는 다른 형식을 제안해보도록 하세요.

상담이나 전화처럼 언어를 매개로 한 의사소통으로 전환시키는 것도 좋겠습니다.

3 '마음의 안전기지'가 되자

부모는 아이에게 '마음의 안전기지'이고 싶습니다. 나가라고 내쫓거나 계속 있으라고 붙잡아두거나 하는 일은 하지 않습니다.

아이가 모험해보려는 마음으로 주체적으로 떠나거나 때로는 쉬려고 돌아올 수 있는 안전기지 —그렇게 되는 것이 이상적이라는 것을 기억해두시기 바랍니다.

집착을 끊지 못해요

나는 학교 규칙을 아주 싫어했어.
하지만 무슨 까닭인지 배운 것을
고지식하게 엄수하려는
일면도 있었지.

148

들어봐, 엄마. 항상 급식을 남기는 여자애가 있는데—

싫어하는 음식도 참고 먹으라고 속으로 말해.

그런 거 엄청 싫거든.

그치만~ 속이 안 좋아서 못 먹는 건지도 모르잖아.

게걸스러운 사람으로 보인다고.

게걸스러운?

으응, 하지만 신경쓰여.

그보다 남이 남긴 건 안 먹어도 되거든!

그렇지 않다곳. 보나마나 편식이야.

자기가 맞다고 생각하면 아주 강하게 우깁니다.

150

이제부터 고기가 잔뜩 나올 건데 그거 먹고 싶잖아.

다들 채소 절임 안 먹나?

오리엔 테이션 때 바비큐 회식

고기 안 먹어?

모처럼의 바비큐가 엉망이었지.

으 으… 채소 절임으로 배가 불러. 고기는 못 먹겠네 …

최익

후우

채소 절임 맛있는데 그러면 나한테 다 줘.

자.

나도

줄게.

아직 새 연필과 지우개다!

음식뿐만이 아냐. 아직 쓸 수 있는데 버려져 있거나 흘린 채 방치된 물건을 보면

몰라

아냐

아까워! 그냥 두면 버려지고 말아.

아무도 대답 안 하면 가질 거야.

이거 누구 거ㅡ!?

싫어. 아직 쓸 수 있어. 이대로 됐어!

너무 많아! 절반 버려.

그럴 거면 내가 쓸 거야

주운 펜으로 빵빵한 돼지 필통

통 통

종이

책

펜

그렇게 뭐든지 가지고 있으니 온통 물건이잖아.

중 2

현장학습
가는 길

덜컹덜컹

그러고 보니
골절상
입었을 때도
이런 일을
저질렀지...

아니,
진짜 말도
안돼~

덜컹

덜컹

우대석 앞에 목발 짚은
사람이 있는데 말야~
아무도 자리를
양보하려고 하질 않네?!

이 나라 어른들
글렀구나!
이런 어른이 되고
싶지 않아! 그렇게
생각하지 않아?

덜컹

덜컹

융통성이 없는 것은 왜일까?

안심하고 싶어서 집착하지만 본인도 괴로움을 느끼고 있는 경우가

있으므로 주의가 필요

아이의 마음 │ '모든 게 항상 똑같지 않으면 불안하단 말야'

● '규칙이니까 다 함께 지켜야 해!'라고 생각한다

케이스 3에서 보았듯이 그들은 집단에 융화되지 못하고 규칙을 지키지 못하는 경우도 있지만, 자기가 납득하여 익힌 규칙에 대해서는 끝까지 집착하여 자기만 지키려고 하는 것이 아니라 남들에게도 지키게끔 합니다. 그런 규칙을 여기에서는 '나의 규칙'이라고 부르기로 하겠습니다. 예를 들어보겠습니다.

• '도로는 횡단보도에서 건넌다'라는 교통법규에 집착해서 공사중이건, 차가 한 대도 지나가지 않는 곳이건 반드시 횡단보도로 건너려고 하고, 도로를 비스듬히 가로지르려는 사람이 보이면 화를 낸다.

• '밥을 남겨선 안 된다'라는 식사예절에 집착해서 몸이 안 좋아도 남김 없이 먹는다. 또한 예를 들어 패밀리 레스토랑에서 옆자리에 앉은 모르는 사람이 음식을 남기면 용납하지 못하고 안절부절 못 한다.

그 외에도 '가게 안에서는 마스크 착용'이라든가, '나쁜 행동을 한 아이에 대해서는 어른이 주의를 준다' 등의 규칙에도 집착하고, 지켜지지 않으면 스트레스가 쌓여 분노발작을 일으키는 아이도 있습니다.

● '나의 규칙'의 배경에는 어린 시절의 경험이 있었다

누구나 어린 시절에는 어른에게 여러 가지 훈계를 들으며 자랍니다. 예를 들면 '물건을 소중히 해라', '작심삼일은 안 된다' 등이 그렇지요. 어른 말씀에 따르면 야단맞지 않고 지낼 수 있어서 안심하고 있거나 자유롭게 있을 수 있습니다. 그렇게 안심할 수 있었던 경험과 어른의 말이 결합되어 어느 사이엔가 그들의 내부에서 '나의 규칙'이 되지만, 일단 정착되면 위반(예를 들면 이 경우에는 '물건을 버린다', '도중에 그만둔다')했을 때 안도감이나 자유가 위협받는 것처럼 느끼는 것입니다.

그들은 사물의 계속성이 중단되는 것을 견디지 못합니다. 변화에 약한 것입니다. 계속 안심하고 있을 수 있기 위해서는 계속 같은 상태인 것, 즉 '동일성'이 무엇보다 중요하고 그렇기 때문에 버린다거나 그만둘 수 없는 상황이 발생하는 것이겠지요.

● '나도 불편해!', 그래도 집착하고 만다

또한 그들에게는 '적당히'라는 감각이 이해하기 어려운데, 그런 특성도 규칙에 대한 집착과 관계가 있는 듯합니다.

케이스 2에서 약간 다루었습니다만, 그들은 '아예 안 하거나 완벽히 해내거나, 둘 중 하나가 아니면 싫어'라는 감각이 있고 어중간한 상태에 대해서는 강한 불안을 느낍니다. 그렇기 때문에 '이렇게 해야 한다'라고 정한 일을 한창 하고 있을 때 방해를 받으면 처음부터 다시 하거나, 반대로 완전히 포기하기도 합니다. 그렇게 하지 않고는 배길 수 없는 것입니다.

강박적 행동이나 사고를 보이는 아이도 적지 않습니다. 강박적이란 '스스로도 이유를 알 수 없고 마음이 편하지도 않은데도 한사코 하지 않고는 배길 수 없다'라는 지우기 힘든 감각으로, 그 사람의 행동이나 사고를 속박합니다.

그런 아이는 괴로워도 힘들어도 한사코 집착을 하고 맙니다. 즉, 본인에게도 마음 편하게 느껴지지 않는 괴로운 집착도 있는 셈입니다.

부모님의 마음 | '다른 사람을 끌어들이는 건 그만둬!'

● 나까지 끌어들이는 건 싫어

예를 들어, 시간이 있을 때는 아이가 '손은 정확히 30초 동안 씻는다'라는 규칙에 집착해도 아무 문제가 없습니다. 그러나 시간이 없는데 몇 번이고 씻는다든지 '엄마도 해'라며 집요하게 잔소리를 한다든지 하면 '나까지 끌어들이지 말아줄래', '솔직히 지긋지긋해'라고 생각하기도 할 것입니다.

● 어른이 자신을 다시 보는 계기도 된다

어른은 상황에 따라 쉽게 규칙을 변경하지만 이 아이들은 예외 없이 지키려고 하는 것을 보노라면 생각하게 되는 점도 있을 것입니다.

규칙을 깨지 못하는 그들은 분명 살아가기 힘들 것입니다. 그러나 정의감이 넘치고 외길로 신념을 관철시키려고 하는 듯도 하며, 실은 그 점이야말로 살아가는 데 소중한 자세가 아닐까 … 하고 생각되기도 할 것입니다.

1 '예외 게임'을 시도해본다

규칙에 위반되는지 여부는 눈에 보이는 사물만으로 판단할 수 없을 때가 흔히 있습니다. 행동에는 이유가 있고, 그 이유에 따라서는 위반으로 보여도 허용되는 경우가 있다고 설명해줍시다.

류타는 금세 납득하지는 못하는 모습이었지만(153쪽), 위와 같이 게임하듯 대화해서 발상의 전환을 배움으로써 다소 이해하게 되는 경우도 있습니다.

2 '적당히'의 중요함을 깨닫게 한다

그들은, 예를 들어 배우고 있는 것의 연습 등으로 명백히 지쳐 있는데도 그만하자고 해도 계속 하겠다며 큰소리 치기도 합니다.

그런 경우에는 수면시간이나 문제를 일으킨 횟수 등, 객관적으로 알 수 있는 숫자로 심신의 변화를 알려봅시다.

'나는 적당히 하는 것에 서툴구나' 하고 깨닫는 것에서부터 의식 개혁을 시작하면 좋을지도 모릅니다.

3 때로는 '나의 규칙'을 존중

집착에는 지켜보고 있어도 되는 것과, 그렇지 않은 것이 있습니다. 안도감, 납득했다는 느낌이나 주체적으로 하고 있다고 느끼는 경우에는 아이의 방법대로 해보라고 맡겨도 좋을 것입니다.

그러나 본인이나 주위에 피해를 줄 경우에는 개입이 필요합니다. 본인도 그만두고 싶은데 한사코 계속하게 되는 집착의 배경에는 자기 힘으로는 대처할 수 없는 큰 불안이 있습니다.

그 불안에 귀를 기울이는 것(경청)과 더불어 정신과 의사 등 전문가의 도움도 받아 가면서 환경을 조정합니다.

▲ 이런 집착이라면 지켜보기만 해도 된다.

조르기 ①

음?! 뭔가 조를 셈이군~

엄마 사랑해 ♥

추켜준다고 말려들지 않아.

엄마 예뻐. 장난감 사줘.

이게 반복되면 신기하게 기분이 좋아져.

그래 그래

엄마 좋아해~

그렇게 말하면서

엄마는 다루기 쉽다고 생각해.

장난감 한 개만 이야.

쇼텐* 흉내내고 싶어.

흔들

흔들

*쇼텐: 재치를 겨루는 연예 프로그램. 재미있는 이야기를 한 사람이 방석을 얻어 높이 쌓는다. (옮긴이)

엄마의 부탁

조르기 ②

아이스바 먹자

마지막까지 깨끗하게

지금은 어때?
할 수 있게 된 것
되지 않은 것

스스로를 컨트롤하는 능력은 생겼다

중학생이 되고 나서는 아무래도 엄마한테 달라붙어 응석부리는 건 없어졌어.

집착도 줄었어. 16세가 되어 아르바이트를 시작하고부터 '세상에는 다양한 사람들이 있고, 싫은 일투성이니까 일일이 화 내봐야 소용없어' 하고 포기하게 되었어.

기분전환하는 방법도 배웠지. 인터넷 동영상을 보고 불안정한 기분을 가라앉히거나 차 안이나 집안 한 구석에서 혼자가 되어 SNS를 하면서 머리를 식히기도 해.

바꾸지 못하는 것도 있어

식사에 관한 집착을 바꾸는 건 어렵네~. 예를 들면 외식할 때 다른 사람이 음식을 남기는 것을 보면 '남길 거면 주문하지 말라고~' 따위로 생각하지. '다 먹어!' 하고 강요하는 건 이제 안 하지만.

집에서도 '따뜻한 반찬과 차가운 채소를 접시에 함께 담지 말았으면', 혹은 '튀김에 소스를 끼얹지 않도록'과 같은 사소한 집착을 완전히 억누르지 못할 때도 있어. '밖에서는 안 그러니까 됐잖아' 하고 생각하기도 해.

에필로그

전기 부품을 설치하거나 정밀 드라이버나 땜질 인두 따위를 사용하는 세밀한 작업이 많아.

취미로 내 차를 정비하다 보니 어느새 손가락을 잘 사용하게 되었어.

복잡하고 귀찮은 건 지금도 질색이지만

저걸 하고

이걸 하고

여차 저차

서툰 감은 있지만 싫진 않게 되었어.

작은 나사를 집어서 꽂고 돌려서

그런 작업을 되풀이하는 사이에 조금씩이지만 세밀한 작업을 할 수 있게 된 것 같아.

차나 오토바이는 순서를 생각해서 그대로 조립해야 움직여.

그래서 잘 생각해서 조립할 수밖에 없으니

오토바이 부품

172

큰일났다. 잔고부족으로 결제가 안돼.

충동적으로 결정하고 대출 돌려막기를 하며 갚느라 고생하지.

ㄱㄲㄲ-ㄲㄲㄱ △□은행

올드 카

₩ 10,000,000

지금 안 사면 못 구해.

사자!

마니아

응석만 계속 부리고.

돈 빌려줘잉 출세하면 갚을게 꼭 갚앗

대책 없이 대출받지 마.

₩10000

긍정적으로 살고 있지.

다녀 오겠습니다

대출 갚기 위해 일을 계속 할 테다.

기분도 돈도 조절하기 어렵지만

인내

B씨 건 없어!?

왜

A씨가 결혼퇴직, B씨는 출산퇴직. 회사는 A씨에게만 꽃을 선물.

B씨   A씨

하지만 기어코 집착해버리는 것도 아직 여러 가지 있어. 예를 들면

아니, 그러니까 결혼은 특별한 거라니까.

사원에게는 평등 해야지!!

'왜 그런 거야?' 하고 사회의 규칙에 문제제기 하게 돼.

B씨가 그런 거 거절 했다 든지ー.

A씨는 결혼 때문이니 그렇지. 어른들 사정도 여러 가지 있고.

이상하잖아?! B씨에게도 줘야 하잖아.

집착하는 것에 대해
타협해야만
할 일이 있을지도
몰라.

앞으로도 능력
이상의 일을
요구받고
고민하거나

감수자 맺음말

누구나 크든 작든 '못 하는 것', '부족한 부분'이 있을 것입니다. 우리는 그런 부분을 다른 사람과 서로 보완하며 살아가고 있습니다. 발달장애를 갖고 있든 아니든 그것이 당연한 모습이 아닐까요.

그러나 여러 속박과 편견이 우리의 눈을 흐리게 하고 번민하게 합니다.

'못 하는 것은 노력해서 할 수 있게 해야 해'라는 생각에 빠져 있는 사람.

자녀를 이해하지 못하고, 자신은 뒷바라지할 수 없다고 고민하며 의기소침해 있는 사람.

지원을 받는 것이 권리라는 것을 알아도 미안함을 떨치지 못해 갈등하는 사람.

그런 일상생활의 어려움을 안고 있는 부모님이나 지원자를 만날 때가 있습니다.

여러분도 그런 어려움을 안고 있는 분 가운데 한 분일지도 모릅니다. 이 책 마지막에 제가 6가지 조언을 선물로 드리고 싶습니다. 내일로 이어지는 힌트를 발견하신다면 기쁘겠습니다.

• '할 수 있다', '할 수 없다'로 나누는 사고방식을 버려라

'할 수 없다'를 전부 '할 수 있다'로 바꿀 필요는 없습니다. 다양한 수준의 '할 수 있다'도 괜찮고, '할 수 없다'가 있으니까 우리는 다른 사람과 관계를 맺으며 살아갈 수 있는 것입니다.

• 부모님도 자녀도 지나치게 노력하지 말 것

노력하는 것에 가치를 두는 '하면 된다' 주의에서 빨리 벗어납시다. 노

178

력하지 못하는 것이나 포기하는 것이 나쁜 것이기만 한 것은 아닙니다. 힘을 쓰는 것과 빼는 것, 양쪽이 다 존재해도 됩니다.

- **이해하려고 서두르지 않아도 된다. 속단하지 말 것.**

'이해했다'라고 단정짓거나 '이해 못 하겠으니 뒷바라지 못 하겠다'라고 포기하지 말고 '왜 그럴까?' 하고 이유를 생각해보는 자세를 가집시다. '이해하고 싶다'라는 마음을 소중히 합시다.

- **지원이란 '함께 살아가는 것'**

'자신, 타자, 환경에 대해 발견을 거듭해 가며 함께 사는' 상태를 실현하는 것이 진정한 지원입니다. 이 아이들뿐만 아니라 우리의 사고방식이나 환경에도 눈을 돌려 변화시켜 나갑시다.

- **주위의 시선보다 자신들의 관점을 소중히**

부모님과 아이의 행복을 결정짓는 것은 주위의 눈이 아닙니다. 스스로가 이해한 나, 있는 그대로의 나를 우선 자기 자신이 인정함으로써 주위 사람들의 결정에 휘둘리지 않도록 자신감을 길러주십시오.

- **'한 사람 한 사람이 특별'하다는 의식으로**

지원이란 본래 필요하다면 누구나 받을 수 있는 것입니다. 지원을 필요로 하는 특정 인물만이 특별한 존재가 아니라 '한 사람 한 사람이 특별'하다는 의식을 사회 속에 확산시켜 나갑시다.

마에카와 아사미

《발달장애 나에겐 불안 초조한 이유가 있어》(2023, 마고북스)에 이어 두 번째로 류타 이야기를 옮기게 되었습니다. 첫 번째 이야기에 비해 이번 책은 어린 류타가 성인이 된 후 과거의 특성들이 어떻게 변화했는지도 들려준다는 점이 다릅니다. 아직 어린 자녀를 키우시는 부모님이라면 이 부분이 정말 궁금할 것 같은데 자녀의 장래를 예측하는 데 조금이라도 도움이 되었으면 합니다.

지난 4년간 마고북스에서 출간해 온 일한 번역서들은 모두 교수법에서 구조화를 강조한 티치(TEACCH) 프로그램의 철학에 기반한 책들이었고 이 류타 시리즈도 마찬가지로 일관된 관점을 가지고 있습니다.

많은 사람들이 위대한 특수교육의 사례로 설리번 선생님과 헬렌 켈러 여사의 이야기를 듭니다. 그러나 그것은 한편으로 노력주의, 능력주의의 사고방식으로 연결되기도 합니다. 헬렌 켈러는 능력주의자였고, '장애인도 노력하면 장애를 극복할 수 있다'라는 주장을 위한 증인으로 동원되었습니다. 그러나 티치 교육철학은 초인적인 노력 또는 능력으로 장애를 극복하는 데 목표를 두고 있지 않습니다.

물론, 노력을 하지 말자는 것이 아니고 노력을 폄하하려는 것도 아닙니다. 자신의 한계를 뛰어넘고자 노력하는 사람은 아름답습니다.

　다만 개개인에 따라, 노력하면 할 수 있게 되는 것이 있고, 노력해도 할 수 없는 것이 있습니다. 할 수 없는 것을 억지로 하라고 등 떠밀기보다는 있는 그대로를 존중하며 서로 돕고 사는 사회를 만들자는 감수자의 마지막 말이 바로 티치 교육철학이 추구하는 가치입니다.

　못 하는 것이 있기에 사람들은 서로 도우며 연결되어 살아간다는 것, 그렇기에 발달장애 아이를 키우는 것은 결국 그런 상호부조적 사회와 환경을 만들기 위한 사회운동 그리고 삶의 태도와도 연결될 수 있다는 것이 이 책의 감수자인 마에카와 선생의 주장입니다. 티치의 철학은 장애를 가진 사람뿐만 아니라 크게는 이 세상을 보는 보편적 관점에서도 주목할 만합니다.

　저 또한 발달장애 아이를 키우는 엄마로서 그런 사회를 만드는 데 조금이라도 보탬이 될 수 있기를 바라면서 번역을 해 왔습니다. 그 동안 티치 운동을 한국 사회에 소개할 수 있는 기회를 주신 마고북스에 감사드리고, 이 일을 할 수 있었던 것을 큰 기쁨으로 생각합니다. 멀리서나마 우리 사회가 더욱 다양성과 상호부조를 존중하는 사회로 나아가기를 늘 빌고 있겠습니다.

2024년 10월

일본 군마에서 이윤정

ADHD · 자폐와 함께 성장하기

초판 1쇄 발행 2024년 12월 12일

지은이 가나시로 냥코
옮긴이 이윤정
펴낸이 노미영

펴낸곳 마고북스
등록 2002. 1. 8.
주소 경기도 파주시 탄현면 새오리로 339번길 79-27
전화 02-523-3123   팩스 02-6455-5424
이메일 magobooks@naver.com

ISBN 979-11-87282-08-2 03370

값 15,000원